REFLEJOS
DE MI
ALMA

L. ROGUE.

Derechos de autor © 2020 L. Rogue.
Todos los derechos reservados
Primera Edición

PAGE PUBLISHING, INC.
Conneaut Lake, PA

Primera publicación original de Page Publishing 2020

ISBN 978-1-64334-572-7 (Versión Impresa)
ISBN 978-1-64334-573-4 (Versión electrónica)

Libro impreso en Los Estados Unidos de América

Prólogo

En ocasiones me resulta difícil entender las acciones y actitudes del ser humano, sobre todo en su actuar tan negativo, ya que considero se nace inicialmente con pureza y bondad que a lo largo de nuestras vidas vamos perdiendo el rumbo de lo que realmente somos o reforzando ambas virtudes.

Para mí, el hombre refleja sus sentimientos y emociones a través del rostro, la postura del cuerpo, la forma de caminar, como cuando se está enamorado o ilusionado, su propia existencia se ilumina dando brillo a su mirada. Muy por el contrario, cuando se está triste o enojado.

La fortaleza de nuestra alma es siempre quien nos levanta e incita seguir en el camino, el que creo que es el correcto, pues, finalmente el origen del alma es Dios, por lo tanto, es perfecta; aunque a veces actuamos erróneamente por las malas decisiones que tomamos y ahí es cuando somos reprendidos por la voz de nuestra conciencia quien nos da la oportunidad de enmendar el rumbo.

Las emociones y sentimientos que me provocan las diferentes experiencias que vivo cada día, hacen que plasme en letras estos pensamientos, que para mi humilde persona serían REFLEJOS DE MI ALMA.

Canto de amor

Jardín de amor, tantos besos como los pétalos de una flor.
Demasiadas caricias como el verde pasto de los campos.
Tanta pasión como el rojo crepúsculo del atardecer.
Eso y mucho más puedes expresar cuando veo tu cara...
Tan suave como la brisa del fresco amanecer,
Y tan ebria, como las grandes copas de los árboles.
Sabores y colores como la diversidad de la primavera.
Vientos y olores suaves como la caída ligera de las hojas en una tarde de otoño.
Fresca y pura como la blanca vestidura de las montañas frías.
Emociones cálidas e inolvidables, como el sentimiento eterno.
Cantos elevados por el viento y tocados por las aves.
Luz del día para saber que eres mía, y por la noche poder arrullarte con el murmullo de los grillos,
Y finalmente sentir que nunca te has ido.
Cielo, sábana inmensa que descubre tu belleza, y me complace al ser fiel testigo de tal grandeza.

Triste adiós

Demasiados sentimientos tan extraños, como tal es la dimensión a la que me transportas, es como si se contaran todos y cada uno de mis poros, es un espacio tan grande y a la vez tan pequeño; pero tan exclusivo para los dos.

Nuestro amor, es un espacio donde no existen los días, ni el reloj; lo nuestro es tan cierto que quedará plasmado y tan unido por el resto de nuestras vidas, como la sombra que va a nuestro lado, pero que al final siempre es uno mismo.

Esa fuerza inexplicable que me conecta entre la razón y el sentimiento, se perciben tan misteriosos como la profundidad del vasto mar, como el bravío y titubeante rumbo del viento, pero siempre tan llenos de esperanza y magia.

Palabras y emociones en el reflejo de tu mirar tan saciante y llena de vida, como la frescura de la lluvia al golpear mi rostro. Tuya es mi vida y con ella el final de mi existencia que ya descansa en tu regazo.

La nada

Es más que afrontar a la muerte.
Es más allá de lo que nuestra mente brillante es capaz de pensar.
Es más que resignarte a vivir una nueva vida.
Es más que las fuerzas desconocidas de cada individuo, lo lleven a conocer nuevas fantasías.
Es más que lo profundo y lo extenso de la oscuridad a la que nos podemos enfrentar.
Es más que sentir, respirar y vivir.
Es más que la despedida de un ser, tratando de encontrar en su interior la respuesta que siempre indagó y mil lenguas diciendo lo mismo, ¡Sólo eres un soplo de libertad que vuela y escapa a lo incierto!

Cuando te perdí

No quiero morir sin entregarme a ti, quisiera gritar a tus oídos, y hacer resonar lo que siente esta pasión, en tus pupilas reflejar mi rostro, y apagar tu luz para que no puedas mirar a otro sendero, escribir en tu boca sólo mi nombre y después cortar tu memoria para que no recuerdes a otra más, besar tus labios y quitarles el sabor, luego sellarlo para que nadie más pueda saciarse de ellos, ser la dueña de tus latidos y crear un nuevo ritmo en tu corazón, robar tu deseo para guardarlo en mi colchón que yace en mi cama vacía por tu desamor.

Tus manos que acariciaban mi rostro, mi cuerpo, y me hacían estremecer, las ataré por siempre a mí, has nacido para llenar el vacío y ser eternamente mío. Y finalmente en tu memoria ser el principio y el fin de tu historia borrando tu ausencia de mi vida como cuando te perdí.

Trasciende...

Vuela hasta llegar al cielo, no pienses que es un loco y desventurado amor, ¡vamos! confía en lo que escucha y ve tu corazón.

Vuela a través de los años, deslizándote sobre mí, ¡anda, corre, corre más deprisa!

Tomaremos de rehén al sol para que nunca nos falte el calor, sube y alcanza la luna, que iluminará la penumbra y dará salida a las tristezas de nuestras vidas.

¡Vamos! no tengas miedo, el agua del río lavará tu rostro y despejará todas tus dudas, y así podrás descifrar el código que se esconde en mi corazón. Anda y acércate a mi nube, corre, corre bajo la lluvia que te arrastrará hacia mí, ¡anda! que jamás te dejaré solo.

Corre, corre, ya siento tu respiración, olvida el dolor y déjalo que fluya como una estrella fugaz.

¡Hey! quiero que sepas que tu presencia es como bálsamo suave en mi mente siempre estará.

Perdón...

Perdón, sólo puedo decir eso, pues estuvieron muchas más en mi cama antes que tú, y lo hice sólo porque tú llegarías en esta noche sola y fría. No quisiera decirte que hubo luz y me llenó, y que no sólo iluminó mi habitación, sino también estuvo aquí la rosa que derramó pasión ardiente en mis sábanas, no sólo eso, sino también se coló tequila dejando sus dos copas, con el fin de embriagar al corazón, que al estar contento y entrado en calor, trajo consigo un par de ruiseñores que cantaban tiernas melodías sólo para deleitar nuestros oídos; sí, hubo alguien más en mi almohada, se metieron de infieles, amor, entre los dos. ¡Perdón, pero pasó! y no pude hacer nada, pero tampoco me resistí, pues yo también las invité, pero eso fue, antes de que tú llegaras y te posaras aquí en mi cama.

Es difícil...

Es difícil poder imaginar una vida sin ti.
Es difícil tener vida sin días…
Es difícil caminar sin ti…
Es difícil dejar de pensarte…
Es difícil dejar de verte en otras personas...
Es difícil no escuchar tu voz y tu nombre en todo mi entorno…
Es difícil hablar y que no seas motivo de mi conversación…
Es difícil respirar otro aroma sin que mi olfato no reconozca tu esencia…
Es difícil dejar de sentir tus caricias cuando ya han sido tatuadas en mi piel…
Es difícil explicarle al corazón tu ausencia porque no entiende la razón…
Es difícil separarme de ti, cuando tú y yo fuimos uno sólo …
Es difícil engañarme cuando todos y cada uno de mis sentidos están vivos por lo que tú les diste…
Es difícil borrar nuestra historia, sin que exista aún el final.

Santos...

Santos son todos aquellos que inspiran a los ojos del hombre; ¿cuántos pasan por el camino de esta vida haciendo el bien? Sólo algunos mortales logran reconocerlos y el resto se van así como llegaron. Sólo con la fe de ser recompensados por su creador, estos seres se encuentran a lo largo de nuestras vidas. Son todos aquellos que de alguna u otra forma nos guían en alguna etapa, levantándonos de caídas y fortaleciendo nuestro futuro.

Mundo de elegidos construido por el que verdaderamente otorga la santidad, aquel que es justo y sabio que creó y perfeccionó su terruño para sus criaturas y así formar su tierra de santos.

Dulce y amargo

Mis ojos lo vieron partir, mi mirar no lo pudo alcanzar pues en medio de la noche desapareció en la penumbra. La niebla fría lo consumió al grado de no saber dónde quedó.

Ya no siento su esencia que se esfumó junto con él, de su respiración ni siquiera su eco quedó. Sólo sus huellas son las que quedan sin tomar algún rumbo, la furia del loco viento las arrastra hacia ninguna dirección, ¿volverá a mí? No lo sé, quizá sus pasos ya están aquí de nuevo pero aún no los he percibido, pues esta noche aún oscura se siente fría y escandalosa. Él se marchó sabiendo la debilidad que produce en mí sus encantos, sé que regresará pero no sé si seguiré esperando.

Buscando...

Te vi pasar por mi vida, mas no supe cuándo llegaste. Cuando menos lo esperaba mi cama te echaba de menos y todo mi ser te necesitaba. Siempre fui en busca del horizonte, sólo tendría que seguir la brújula de tu corazón que me mostraría mi destino.

Soñaba con volar en plena libertad, mas no entendía que tu alma eran mis alas. Ecos y más ecos mis oídos escuchaban, arrastrados por el bullicio, mas yo tus susurros dulces ignoraba. Cuántas puertas toqué y ninguna se abrió, en cambio, sólo tenía que llamar para poder entrar en tu corazón. El tiempo giraba y giraba sin cesar y a mis ilusiones hacía brillar, sin darme cuenta que eras tú, el motor que a mis emociones hacía estallar. Caminando sin pensarte, de repente, te encontré con esa peculiar sonrisa que yo ya conocía y me hacía estremecer. Ahora me doy cuenta que mucho tiempo presté el corazón a cuantos dueños quisieron ser y sin pensarlo lo entregué a quien menos imaginé.

Sólo olvídalo.

No hubo un momento para olvidarlo, no hubo tregua. Tumulto. No hablen, callen. No hubo tiempo para usted. Le digo: "No olvide, no llore, su conciencia no limpiará; si quiere volver y mi vida alocar aquí estaré".

No quedó nada, se borró todo, desapareció y se perdió el control. Nada busco por que todo se derrumbó, su imagen inmortal no pudo llenar el dolor difícil de curar. ¡No puede ser, al fondo llegó mi corazón sin pedir una explicación! Se marchó, así quedó, todo se olvidó. No buscó razón, sólo desapareció como una nube que arrastró el viento sin oportunidad de resistirse, pero allí quedó su huella, en mi mirar.

Usted dijo: "Sigue tu camino". ¡Cómo!, ¿Seguir sin usted? Sólo habría abandono. Ya no existo, no respiro, sólo me acompaña la risa burlona al recordar y ver la soledad. Ahora creo que fué lo mejor haber finalizado lo nuestro, aunque sólo quedará duda y temor. No sé. Todo se desconectó en medio de la maldad. Hoy corre fuego por mis venas como lava, que consume mi vida. No lo vi llegar, no pude prevenirlo.

Vuela...

  Vuela amor mío, que después ya no será igual a cuando volamos juntos uno al lado del otro. Deja que las olas del mar te acaricien, ya no sentirás más el suave y delicado recorrido de mis caricias en tu cuerpo. Escucha el sonido que dejan los ecos, que persisten en tus oídos, como las murmurantes palabras de un "te quiero". Reposa tranquilo, que todas tus noches serán sólo un suspiro.
  Volarás con las alas del reencuentro, pues mis ojos han guardado celosamente la imagen de todos y cada uno de tus gestos. Aspiro tu olor para llevarlo por siempre en la piel como exquisita fragancia.
  El sabor de tus labios se ha quedado impregnado por el resto de mis días.

El diario de mis ilusiones

Escribo en este espacio lo que a diario sólo él me inspira, pero jamás me atreveré a decir por timidez: que me fascina y emociona su sonrisa, que me encanta cuando sacude la cabeza, cuando camina y se dirige hacia mí.

Quiero contarte hoy, querido diario, que él me besó y acarició mi rostro. Todo surgió cuando poco a poco se acercó. Yo que pensé que jamás lo haría. ¡Qué bien! ¡Me equivoqué! Me dijo que era perfecta y que era lo que siempre había soñado, lo que Dios había creado para él. Le faltan letras al abecedario para describirlo y yo no puedo descifrar lo que él es para mí.

Querido diario, tú que sabes más de lo que puedo plasmar en tus hojas, tú que conoces todas mis fantasías, mis historias y mi vida; el que no se molesta, ni pone tiempo a lo que escribo ni le importa si hay palabras con mala ortografía; mi amigo confidente que sin hablar, me puede delatar: hoy te pido una vez más que dejes la suave brisa pasar, que des vuelta a la página y se vayan las palabras a donde nadie sepa que son tontas ilusiones sobre un buen amor que nunca debí mirar y que ahora guardas en tu interior. Espacio, te escribo, deja al viento entrar…

¿Dónde está?

El teléfono y el reloj se convierten en mis opresores; sus cómplices, estas cuatro paredes. Me invade la nostalgia por el olvido, y la desesperación me consume sin piedad, me siento indefensa.
¿Dónde está quién hace mi teléfono sonar?
¿Dónde está el motor de mi tiempo?
¿Dónde está quién le da ritmo y sonido a este palpitar?
¿Dónde está el suave incienso que dulcifica mi respirar?
¿Dónde está el de las caricias que erizan mi piel?
¿Dónde está?

Nuevo día

Cuando comienza el amanecer y el cielo abre sus ojos a la luz del sol, camina hacia mí. Nace de mis labios la sonrisa para un mejor día, la mirada se ilumina por el deseo de fomentar la igualdad y la paz.

Sólo quiero dar alegría y felicidad al hablar. Hoy es un nuevo momento, una oportunidad más, pues quiero ser quien guíe el camino para continuar, quien enseñe sólo la verdad y con mis manos sanar una herida.

Ahora puedo hacer que alguien cambie de opinión frente a una vida tan difícil y lograr una esperanza más. Soy el motor de un corazón sin ilusión. Ya tengo la dosis perfecta para lograr el equilibrio.

Testigos de un Amor

El bosque y el río los vieron y sintieron. ¡Extraña y rara combinación! Una perfecta atracción entre ellos se dio. En medio de la tenue luz que penetra en las pupilas, dos corazones se envolvieron entre sábanas de agonizante noche, donde nacieron tiernas caricias. Un par de labios ensayaban besos, sedientos de nuevas sensaciones; murmuraban y buscaban darse lo mejor a pesar de la timidez, para dar pie al encuentro esperado por ambos.

Los ecos de quienes los rodeaban apuntaban hacia una sola dirección, a los agitados corazones que se admiraban y murmuraban para sentirse uno al otro. Se escuchaba el estruendoso sonido del viento y el escandaloso fluir de las aguas, cuya brisa salvaje mojaba los sentimientos para encauzar la perfecta relación. El vaivén peculiar de los árboles les advertía cubrir su desnudez, pero aquellas voces gemían y gritaban desde su interior, anunciaban su trascendencia universal y se revelaban contra la falsa moral de la conciencia que oprime la libertad de entregarse sin reservas y sin miedos.

Vientos de bosque y escandalosos quejidos de un río, ven dos almas en un espíritu.

Lo que pudo ser

Hay una gran tristeza que se ha convertido en pesadez, en pocas ganas de vivir. Me mal acostumbraste a mirarte, a sentirte cerca, a escucharte cuando me hablabas. Mi corazón llora lágrimas de sangre y de dolor, y miro que te alejas con el tiempo sobre la espalda. Mis labios gritan y se resisten a no mencionarte más, mis manos se quedan con la sensación de hace un segundo, cuando estuviste aquí y ahora te vas esfumando como el aire. Nunca sabré que pasó por tu mente y te hizo renunciar. Ahora me dejas con la duda y la confusión.

Llegaste a ser el conquistador que ganó y consiguió mi duro e inseguro corazón. No supiste ver que éramos especiales y que tu llegada no fue una coincidencia. Saliste no sé de dónde, pero fue maravilloso, fue letal como un virus que invadió mi ser, provocó el desequilibrio y descompensó el corazón.

La mente confundida no sabe por qué perdí la identidad contigo. Ahora no sé de mí, soy nada en la nada, floto sola en el espacio. Tú me lo advertiste, llegaste para quedarte pero nunca supe en dónde. Nos venció el miedo y la indecisión, no funcionó la combinación entre tu experiencia y mi ingenuidad. ¡Qué tristeza, qué dolor! El corazón se rindió, se encerró en sí mismo ante lo que pudo ser un único y gran amor, un sólo corazón.

Adiós ¿te volveré a ver?, no lo sé.

La partida de un amor

La muerte se pintó y vistió de negro. Se lo llevó en un sutil sueño, lo arrancó de mis brazos y sólo el recuerdo quedó. Él no sintió dolor, sólo suspiró. Ella entró en nuestra habitación sin dejar huella, sólo llegó y sin permiso se lo llevó. Hoy fue él. ¿Mañana seré yo? Mi futuro vendrá sin la sonrisa del que jamás volverá, pero hoy queda un vacío difícil de llenar, mi alma por siempre lo amará.

Lo extraño, ya deseo estar con él en el más allá y seguir unidos, de Dios es voluntad. Ahora queda llanto y dolor por lo que fue inevitable. Tener vida te hace un deudor que se paga cuando llega el final. Mi amor, de luto está mi corazón.

Código silencioso

Vuelvo mis ojos hacia el pasado, esas ventanas que fueron testigos de mis alegrías y ansiedades. Hoy recordé una vez más cómo fui, lo que deseaba tener y quería ser. Recuerdos que quedaron como cartas, almacenadas en la memoria. Las otras, las físicas, quizá ya son cenizas o todavía están guardadas. Sus hojas resguardaron celosamente mis secretos que llegaron a su destino. Será una sorpresa encontrar algo de lo plasmado, que pudo ser tonto o quizá provocar una risa de mí misma y de repente aparecerían imágenes que poco a poco ocuparían la mente. Y me pregunto: ¿dónde han quedado aquellos códigos que sólo yo podré entender y descifrar?, ¿Aquello que hice?

Soy reservada, pero hoy deseo escribir en el blanco de las páginas, ellas sabrán algo que mi ser desea expresar.

¿Por qué lloras mamá?

¿Por qué lloras?
¿Por qué tu llanto ante una vida nueva?
¿Por qué lloras con mi dolor, con mis primeras palabras, con mis necesidades, con mi partida, cuando sabes que es mi crecimiento?
¿Por qué el llanto a mis tristezas y alegrías cuando sabes que tengo que vivirlo todo?
¿Por qué lloras cuando estoy en medio de una ilusión, cuando sabes que late mi corazón?
¿Por qué lloras cuando caigo, como si mis heridas vivas fueran las que sangran tu corazón?
¿Por qué lloras cuando logro metas, después de que me diste el bálsamo de persistencia?
¿Por qué lloras y me acoges en tu pecho, mientras tu rostro, bañado en llanto, purifica mi alma y me hace quererte más?

¿Por qué lloras cuando por momentos no te entiendo aunque soy de tu propia carne y sabes que sentimos, mas no pensamos igual?

¿Por qué lloras al abrir un regalo como si salieran polvos y dardos que despiertan el dolor en tus heridas no cicatrizadas?

¿Por qué lloras tesoro mío, cuando sabes que Dios se valió de ti para guiarme e iluminar mi camino?

¿Por qué lloras y luego disimulas con la mejor sonrisa, cuando te percatas de mi mirada preocupada?

¿Por qué lloras por las noches, mi fiel guardián, qué penas navegan en la oscuridad que te hacen llorar?

¿Por qué lloras criatura, si Dios el cielo ya te ha dado, por tanto amor derrochado a tus hermanos?

Amado mío

Sé que me miras a través de una imagen, pues siento tu mirar, tan perfecto como el mar.
Amado mío, eres el núcleo y sonido de mi corazón. Tu soplido es el oxígeno que me mantiene viva.
Soy de ti y para ti, aquí me tienes. Háblame que te escucharé, mírame, sabes que no escaparé; dame tu mano que la sujetaré, pintaré mi vida como si fuera un mapa para ir hacia ti y sin temor a perderme, te seguiré.
Amado mío, te digo lo que siento mas no todo lo que pienso, pues no puedo encontrar algo que lo describa, sólo me consuela saber que tú lo podrás descifrar y en mi mente entrarás.
Luz de mis ojos, oxigeno de mi respirar, eco de mis palabras, fuerza de mis manos, sonrisa de mi reflejo y de mi alma; equilibrio de mis pasos al caminar, brújula de mis deseos, adrenalina de mis emociones, motor de mi cuerpo. Soy una maravilla de tus creaciones. Tú eres mi amado, quien me ha enamorado.

De colores

Niña hoy dibujaré tu corazón, nuestro amor de colores.

Con sutil delicadeza delinearé de blanco tu pureza para llenarte toda de caricias.

De azul, el cielo y el mar, que bañaron y mostraron tu belleza e inocencia a las criaturas que esperan el roce de tu cuerpo con las aguas.

De amarillo, como los rayos del ardiente sol, nuestro amor y nuestro hogar empapado de calor.

De rosa, mi bella princesa de tierna fragancia, que nos hace caer rendidos a sus brazos de hermosa doncella.

De morado vestiremos nuestra soledad, nuestro pasado, pues es ahora el inicio de una vida encantada por la magia en la venida de tu amor.

De verde pintaré tu vida, para que respires el fresco aroma de nuestro amor y empapes el alma mía por las madrugadas como sutil brisa.

Adiós a los sueños grises, pues con tu llegada se llenaron de colores, para ver igual dormido que despierto.

De naranja, serán los atardeceres que robaré sólo para estar contigo.

De negro serán las noches donde tú serás la luz que guíe mi camino, donde sólo deseo que estés conmigo.

De rojo carmesí bañaré nuestros corazones, para llenar de vino tinto nuestras copas, que sonarán al choque del brindis de nuestra unión.

Lo que fue

Es una canción lo ya vivido, pues aunque hable de amor, es el comienzo del dolor que provocó tu ausencia. Te fuiste así como llegaste, pero marcaste mi vida con tus caricias, besos y abrazos que se convirtieron en condena perpetua. Quizá alguien llegue, pero estás aquí a pesar de mi voluntad. No quiero. Nací para hacer feliz. Tu partida quedará en el pasado y lo que venga llegará sin que lo pida, sin que lo espere; pues es como la corriente de las aguas del río, la ruta del viento, las mañanas de cada día. Inevitable.

Hubo un momento en que todo parecía convincente, pero ahora todo es falsedad. Las lágrimas inundaron todo sentimiento que daba brillo a la vida, pero hoy se ha consumido. Sólo queda una hoja que va y viene, impulsada por el viento.

La primera piedra

Él, de pocas palabras, duras pero precisas.
Él, que no tiene un código para enamorar, para expresar su amor, su cariño.
Él, que tiene su propia manera de hacer las cosas.
Él, que hace y entiende de trabajo duro.
Él, de manos duras y fuertes.
El pilar y equilibrio, sensibilidad de la primera piedra en nueva creación.
Quién como él, severo, directo y responsable.
El que nunca se cansa.
El que siempre se preocupa y ocupa.
El que abre caminos sin dificultad.
El que hace de sus manos su propia herramienta.
El que pide a dios sabiduría para saber educar. Sí, es él, quien se resiste a caer para seguir firme.
El que ha marcado los años con su sonrisa y su labor.
El que deja su esfuerzo en el campo, el cual extrañará su buen trato y todas aquellas historias que sólo él contaba cuando la trabajaba.

En él hay fuerza, poder, perseverancia y delicadeza en todo lo que hace.

Él no carece de ternura, la disimula con firmeza.

Él es cariñoso, sólo que se viste de rudeza.

Él es de buenos sentimientos, sólo que tiene su manera de demostrarlos.

Él es la primera piedra de mi existencia, de mi ser y de todo lo que soy.

Así es el hombre que quiero, respeto, admiro y lucho para ser como él, si soy fuerte, soy su máxima creación.

Eso y más es mi padre, el que pintó su huella para jamás desaparecer.

Abrazo especial

Al cerrar los ojos me sentí morir, mi cuerpo se desvaneció, caí hacia lo profundo sin tocar el final, como si no tuviera alma, fuera de la realidad, del espacio; no pude oír, hablar, sentir, y sin descanso me fui entre la luz y la sombra como si fuera viento.

De repente otra vez tomé forma, "alguien sostuvo mi corazón con un abrazo especial para no morir" me dije a mí mismo. Él llegó y estuvo aquí hasta ese momento lo sentí, nunca se atemorizó, siempre me cuidó contra la maldad; no fingió sus lágrimas, se acercó sin dudar. Él es especial, él es mi ángel.

Encontré

En tus ojos veo el cielo.
En tu cabello, la prisión de mis noches amándote.
En tus labios, la dulzura de cada palabra.
En tu sonrisa, la inocencia pícara de tu alegría.
En tu pecho, el nacimiento de tus deseos.
En tus manos, la escritura de tu pasión.
En tu vientre, la lectura desenfrenada a una nueva luz.
En tus piernas, el camino recorrido para llegar a mí.
En ti, encontré la verdadera vida.

La bondad de tu amor

Desde tu llegada no hay más sombras, no hay tormentas.

Te dejaste llevar como hojas de octubre al sentir el latido del corazón.

Vivo para el amor, adiós a los miedos. Hoy miro la inmensidad del cielo después de tus besos, sin ataduras del tiempo y el aroma de tu mirada como mañana fresca entre tus brazos tibios. Todo floreció, ahora vivo de la bondad de tu amor, me das paz al sentir tu corazón.

Qué bello es esto, es octubre, en el viento te siento, me sujeto; y como si fuera abril, mi corazón se abrió para que te quedaras, la misma agua nos mojó.

El amor creció dentro de los dos, entre los labios como un mismo secreto quedó, con las manos en nuestros corazones.

Te quiero con locura, no es un capricho, sólo te encontré para ser feliz a tu lado.

En medio

En medio de la tormenta desenfrenada, como un río caudaloso mis ojos lloran tu ausencia.
En medio de miles de palabras sin sentido, sólo el "te quiero" sigue vivo.
En medio del ruido, como un enjambre, se escucha el eco de tus palabras y el palpitar de mi corazón que mueve mi cuerpo.
En medio de tantas desolaciones llenas de sombras, se cuela un rayo de luz.
En medio de "entre tú y yo" sólo el infierno quedó.
En medio de canciones y poemas, camina nuestro amor hecho cenizas hoy.

Entre sombras

Entre sombras vaga mi diminuta existencia rodeada de colores, pero invadida por el negro azabache que ni siquiera la noche podrá ver e imaginar.

Entre sombras está mi alma cubierta de piel, en un cuerpo que llevo como vestimenta.

Entre sombras viajan los sonidos, limpios e impuros, que se pierden en el giro del viento.

Entre sombras vuelo y me sostengo, sin saber por qué rara y extraña razón me muevo.

Entre sombras dibujo mi silueta, sin entender la sensación que produce el blanco.

Entre sombras camino sin separarme del dolor, sin conocer de raíz su rostro.

Entre cortinas oscuras, allí nace la sombra que soy en el mundo, entre la luz para todos.

Entre sombras, existo en el espacio, quizá me has visto, lo sabes o simplemente paso por desapercibido, como una sombra en medio de la noche.

Insensible

Tu maldad me atrajo, me embriagué de tu veneno, me quemé en tu fuego.
Entre tanta gente tuve que ser yo la que mordiera tu anzuelo.
Tú, mi fiel traidor, el que no tiene alma ni corazón.
El que alguna vez tuvo lágrimas ahora es desierto, pues se alimenta con las ajenas.

Heridas sin dolor

Ya no hay más frescos amaneceres, ni tampoco rojos atardeceres.
Ya el cielo se ha pintado de un azul descolorido y el viento ha perdido las manos con las que acariciaba mi rostro.
No tiene color ni olor la vida, todo se volvió blanco y gris, se borró la sonrisa, aunque está, disimulada.
Ya no hay dolor aunque la cicatriz quedó, se terminaron las palabras bonitas con las que soñaba y me ilusionaba.
Ya no volvió el rostro de aquellos recuerdos, se fue.

Cuando llegaste...

La vida se abrió y tuvo mayor sentido.

Mi rostro se iluminó y nació un brillo especial en mis ojos.

Cuando llegaste trajiste alegrías, emociones, sentimientos que antes de ti nadie había despertado y que son diferentes al cariño que brinda la vida: de los padres, los hermanos, los amigos o cualquiera, pero nunca como el privilegio de tenerte.

Cuando llegaste, cambiaste el miedo por sensaciones que sólo mi piel entiende. Cuando llegaste, pude ver la vida llena de color.

Yo

Caigo en la batalla perdida ante mi enemigo, el corazón.
Mi pecado es el amor. Qué hago yo, si en todos te veo.
Qué hago yo, si tengo tu aroma.
Qué hago yo, si recordarte me alegra.
Qué hago yo, si te necesito y me resisto a perderte, a no tenerte.
Qué hago yo, si a Dios le imploro tu regreso.
No te perdí ahora sino desde que te encontré, me ilusioné, cedí a una fantasía y construí mi propia historia.

Tú Fuiste

Elegiste verme a través de sus ojos y admirar tu creación. A través de sus labios completaste la oración, a través de su rostro fuiste luz que iluminó mi delicado corazón; en sus oídos fuiste la sutil y dulce voz de la canción; en sus manos, el pulso para dibujar la alocada silueta de mi amor; en los pasos, el camino trazado hacia el inicio y el final.

Cuando se cree que es una vida la presencia y una eternidad la ausencia, puedo imaginar olvidarte, pero vivir sin ti no lo podré lograr. Cómo asimilar que tú eres parte de Dios, si tu presencia en angustia se volvió.

Ángel Guardián

Ángel, el que iluminó mi camino, el que me incitó a seguirlo,
la luz de mi destino y el calor de mi abrigo.
Ángel guardián de mis sueños, dueño de mis pensamientos. Viento suave y quieto.
Ángel benévolo, coqueto y travieso. Sonrisa de un niño perfecto e inquieto.
Ángel, despiertas palabras y sentimientos en el desierto. Eres vida para lo que está muerto.
Ángel, llegaste ante el peligro de extinción de mi corazón y como guerrero ganaste este batallón.
Ángel de carne y hueso, no eres ciencia ficción, puedo tocarte, cómo no imaginar amarte.
Ángel, contigo puedo volar sin pensar en el tiempo y las fronteras cruzar.
Ángel, al ver todo lo que me das me siento dichosa, porque puedo gozar la felicidad que brota en mi interior.

Hola noche

Hola noche, ¿Cómo estás? Veo que el sol ya no volvió.
Yo que prometí no volver jamás, veo cómo el atardecer se ha ido.
¡No! No, no puede ser, la mirada se ha perdido entre el silencio y el olvido.
Quizá tengas piedad, por eso te suplico, detén este caminar que hace tanto y mucho mal.
Miro el destierro de alguien que lloró, solo lloró.
Este será mi final entre tanta gente.
Terminó la fe, aunque se resista el corazón.
La soledad se desató, es un sacrilegio.
La huella de mi destino voló y no sé en dónde quedó.
El vacío se arraigó y sólo trajo vientos de dolor.
Infinita fue la maldad, con estilo terminó.
Nublado todo se quedó, nuboso todo se vio, no hay verdad.

Deja

Déjate querer, cierra los ojos y entrarás a un mundo nuevo.
Siente mis manos navegando por tu cuerpo, mis labios explorándote,
la luna iluminará nuestros corazones.
Deja que el deseo que Dios reunió se desate para los dos.

No me olvides

Prívame de la luz de tus ojos, de tu sonrisa pícara, de escuchar tus dulces palabras, de tu cansada mirada.

Prívame de tu presencia, de guardar todos tus gestos, tus manías, de ver tu cabello cómo se cubre de plata.

Prívame de caminar contigo, de vivir aventuras, de ver la vida con nosotros, de mirar nuestro futuro y ser tu bastón en las malas.

Prívame de nuestra historia, de las caricias que despertaron mi piel, de los abrazos en los que mi cuerpo frágil y sensible se perdía.

Prívame del camino que me llevó a tu piel donde brotó el mayor placer.

Prívame de tu compañía, de todas las noches que fueron mías, llévate todas las sonrisas de nuestras alegrías.

Prívame de tus días de hombre imparable, de tus noches como cachorrito dominable, pero no le prohíbas a tu mente que me recuerde, a tus ojos que brillen, a tus labios el sabor, a tus manos la suavidad de mi piel, a tus brazos el deseo de tenerme, a tu piel el placer de cubrirse, a tus pies el deseo de seguirme.

Nunca me olvides, pues si lo haces, sería más que un muerto cien metros bajo tierra, no importa si hubo un inicio de nuestra historia, el final yo lo inventaré.

¡No me olvides!

Falsedad

Cuando más seguro estás, es cuando más desprotegido te encuentras.
Cuando más feliz eres, es cuando el peor de los dolores te acecha.
Cuando más afirmas algo, es cuando más lo dudas.
Cuando más te ilusionas, es cuando más maldices tu suerte.
Cuando más te resistes, es cuando te das cuenta de que caíste y será difícil levantarte.

Al despertar

Mis ojos permanecen cerrados atraviesan la larga noche, sin avanzar,
porque ellos saben que sin ti ya no hay más despertar.
Ellos permanecen atados, sumergidos en el sueño y se alimentan de tu imagen para vivir tan sólo de recuerdos.
Mi boca hoy no quiere hablar, el eco vaga de aquí para allá y no encuentra oído
que lo quiera escuchar.
En el desierto te encontré y en un mar de lágrimas te perdí.
Hoy sólo quiero dormir. Anestesio el corazón para que tu ausencia no pueda sentir.

Quiero amarte

La noche incita a la muerte.
Déjame una vez más amarte en la oscuridad,
quizá mañana no escuche el alba gritar,
quizá mis labios nunca más vuelvan a cantar,
quizá mis manos sean de barro al despertar,
quizá nunca más te vuelvan a tocar.
Quizá mis ojos se vuelvan a eclipsar,
quizá nunca te vuelvan a mirar.

La noche incita a la muerte
por eso quiero amarte,
porque hoy estoy vivo,
porque sé que aún respiro,
porque aún siento tu aliento,
Porque quizá mañana sea polvo
que arrastre el viento.

Perdida en ti

¿Qué lamentas, si con tus amores lejanos y ya perdidos, dejaste ir la llama encendida, mientras yo, tonta y perdida, todo lo veía prohibido?
Excepto el camino que llevaba a tus labios, caricias y cuerpo. Delicias que tú derramabas.
Yo, loca, perdida como barco en alta mar sin saber si seguir o regresar.
Miro al cielo caer sobre mí, me quedo sin fuerzas, sin poder salir.
Grito al destino, que es tu camino estar conmigo y que soy con quien quieres estar.
Hoy te amaré, bañaré tu cuerpo con caricias de feroz tormenta,
besaré tus labios para provocar el temblor de tu ser como un sismo.
Tus oídos escucharán una dulce melodía del viento al pasar.
Provocaré en tu mente la locura para que así puedas amarme, aunque mañana tenga que esperar, lamentarme y llorar.

Bajo el mismo cielo

Miro hacia arriba y me envuelvo en la inmensidad del azul.
Y me doy cuenta de que tú y yo por más lejos que estemos, viviremos bajo ese mismo cielo.
El mismo que me dice que lloramos sin cesar, quizá por alguien más.
Bajo el mismo cielo, donde alguien se deleita con tu sonrisa.
Bajo el mismo cielo, respiras y suspiras.
¿Dónde estás?, ¿En qué parte de ese inmenso mundo, el cielo refleja tu rostro?
Bajo el mismo cielo, pienso si todavía me recuerdas y que un día fui parte de tus emociones, de lo que vivías y era nuevo en tu vida.
Bajo el mismo cielo, volteo y grito: ¡Dónde está aquel que tantas alegrías me dio sin darse cuenta!
Bajo el mismo cielo trazo tu camino tan diferente al mío, pero en el mismo espacio.
Bajo el mismo cielo, los dos buscamos la felicidad, la que quizá uno de los dos creyó haber perdido con la partida del otro.
Bajo el mismo cielo, único testigo de la transparente verdad.
Bajo el mismo cielo, se permitió una ilusión y así nada más se esfumó, sin poder resistirse.
Bajo el mismo cielo, al que lo dos volteamos a mirar y sólo él nos puede contemplar.
Bajo el mismo cielo, que tuvo un inicio y tendrá un final, imagino, más no sé si se hará realidad.

Palabras Vacías

Palabras vacías, besos secos.
Caricias muertas, vida artificial.
Miradas nubladas, oídos que son ecos, sin corazón.

Ya no lloro, todo se fue tras él, sin rumbo ni caminar.
Primavera ya no verás
los sentimientos dentro de un sobre.

Alegría convertida en ansiedad
a dónde te llevó ese ladrón
ya no hay más sueños
no hay días ni noches, perdiste sensibilidad.

¿Cómo llegué a ti?
¿Cómo es que estoy aquí?

No te puedo tocar, aquí no estás,
 desapareciste frente a mis ojos y de mis manos.
Te desvaneciste, pero se esparció tu olor
 En el alma hay dolor,
en la vida, desilusión,
en el amor, decepción,
en un duelo, incomprensión.

Todo pasa siempre, a veces sin poder descifrar,
pero al fin podré descansar en la eternidad,
cuando no haya nada más.

Amor

Amor, palabra infinita, palabra llena de ternura, respeto, cariño, pureza, tolerancia, fuerza y fidelidad.

La que no tiene error alguno para la persona amada, la que ve todo perfecto donde no cabe la duda, la que no se permite lastimar ni con el pensamiento ni la mirada, mucho menos ser infiel con el cuerpo, alma y corazón.

Amar es verdad y se da sin esperar nada a cambio, allí se da verdaderamente todo.

Amar, es sólo una vez en tu vida y a una sola persona.

Amar, es con el corazón y no con palabras.

Amar es sentir, y querer es decir.

¡Sí, es él!

Sí, es el que se oculta entre las sombras.
Sí, es el viento que me acaricia.
Es el que por las noches se deja ver.
Es el que está en cualquier rincón del mundo.
Es el que vela todas las noches como fiel guardián.
Es el que pertenece a mi vida, pero es mi secreto.
Es él, mi pasado, el que es y será sustento de mi presente.
Es el que me complace, él es mi capricho.
Es el que me mira y luego me embruja.
Es él, el canto bruto y salvaje del mar.
Es él, la brisa de la mañana, el reposo de un atardecer.
Es él, el espacio, el tiempo, la nada.
Es el que habla sin palabras.
Es el que se vuelve vida y luego nada.
Es él, el que ama más allá de la realidad.

Despecho

Preferiste aquellos labios, que eran más dulces que la miel.
Preferiste aquel calor, que era más ardiente que el sol.
Preferiste aquellos brazos, que eran más fuertes que los de Sansón.
Preferiste aquel amor, que era más puro que el mío.
Ahora vete, ya no hay lugar para ti en mi corazón.
Preferiste aquella canción, que era más bella que la del ruiseñor.
Preferiste aquel perfume que olía más que el de una flor.

Ángel

¡Sí! Como un ángel que bajó del cielo llegaste a mi vida, cambiaste mi mundo, ¿Cuándo pasó? Aún no lo sé, pero te confieso, se siente bien.

Sabes, nunca pensé enamorarme de ti así, pues era de los que se resisten a creer en el "amor" y no sé si lo sea, lo único que puedo decirte es que ya no puedo vivir sin ti. Eres indispensable a mi ser, mis ojos necesitan verte, mis oídos escucharte, mi boca besarte y mis manos acariciarte, en pocas palabras, cada uno de mis poros necesitan respirarte para poder sobrevivir en este mundo lleno de tradiciones y contrastes. No hay más qué pedir a la vida si a mi lado tengo a mi ángel, quien llegó para iluminar el camino. Antes era soledad y tristeza, era una vida donde sólo existían tinieblas, donde me negaba a conocer las maravillas que gracias a ti, hoy conozco.

Sólo tú me mantienes vivo y si no estoy contigo no existo, el día que deje de estarlo dejaré de respirar, porque sólo vivo por ti y para ti, mi ángel.

Luz del alma

La noche transporta al silencio, aleja al turbio pensamiento
para darme un momento, escuchar el sentimiento
y estrechar mi corazón.

Este mundo es de ciegos:
Ciego con la luna.
Ciego con el sol.

La luz emana del interior, sólo la luz del alma es eterna.
Ella ilumina el oscuro sendero, sólo ella guiará hacia el camino verdadero.

No cubras tu alma con máscaras o cubrirás su luz
y sólo encontrarás la verdadera oscuridad.

La noche deja al desnudo la luz escondida en el alma
donde unos encuentran temores y pocos encuentran pasión.
La luz del sol guía a mis ojos, pero sólo la luz del alma guía
al corazón.

Odio

Odio odiarte,
pero odio más amarte.
Odio quererte,
pero odio más no tenerte.
Odio mentirte,
pero odio más no hablarte.
Odio llorar,
pero odio más que sea por ti.
Odio haber caminado el mismo sendero,
pero odio más que no estés conmigo.
Odio fingir,
pero odio más que sea frente a ti.
Odio tu mirada,
pero odio más quedar encantada.
Odio tus labios,
pero odio más no poder rozarlos.
Odio tu aliento,
pero odio más no poder retenerlo.
Odio pelearte,
pero odio más no poder gozarte.
Odio sentirte,
pero odio más no tenerte.

Odio tus palabras,
pero odio más tus silencios.
Odio ser fuerte ante ti,
pero odio más ser débil sin ti.
Odio añorarte,
pero odio más no alcanzarte.
Odio que seas mi inspiración,
pero odio más que seas el dueño de mi corazón.
Odio tu juego,
pero odio más estar dentro.
Odio tus fantasías,
pero odio más que estés en las mías.
Odio tu esencia,
pero odio más tu ausencia.
¿Por qué te odio?
¿Por qué te amo?
¡Es porque siempre te creo!

Una Noche Contigo y sin Ti

Anochece contigo, veo el reflejo de la luna en tus pupilas que alumbran y alientan el deseo entre los dos. Tu respiración hace dueto con el susurro del viento que se deslizaba por nuestros cuerpos, indicándonos que no nos separáramos del uno al otro.

Tus labios ricos y suaves que me suplicaban que este momento fuera eterno, tu largo pelo como una capa, tu espalda cubría y en nuestros cuerpos se enredaban siendo este mi cómplice de mis manos y labios.

¡Amor mío! ¡Sí, así era! Todo tu ser me pertenecía pues nuestros cuerpos en uno sólo, se fundían.

El cielo poco a poco se aclaraba. Los rayos del sol se vislumbraban y entonces tú ya no estabas sólo tu olor quedaba, tú eres mi amor de todas las noches, tú mi amor predilecto, tú eres y serás mi sueño en mis sueños de noche.

Gracias Dios

Por esos ojos que saben ver el verdadero yo, por saber más allá de lo que mi persona proyecta.

Por esa sonrisa que refleja sinceridad y que transmite alegría.

Por esas manos que dan consuelo y por esas bellas caricias que alientan el alma herida.

Por esa amistad que es más valiosa que miles de monedas de oro, es cobija en el frío, alegría en la tristeza, consuelo del llanto y luz en las tinieblas.

Por tu presencia en ellas por tu esencia que derramas sobre cada uno.

Por derrochar tantas bendiciones y sentir que nunca me dejas sola.

Por darme tanta dicha y privilegio de encontrarme con algo de lo grande que hiciste para mí. ¡Gracias por todo lo que me das!

Las Últimas Palabras

Estoy viviendo mis últimas horas me siento en medio de un precipicio. Mis últimos momentos en mi balcón, el cual es testigo de mi sufrimiento y agonía; sobre mi ventana se cuela un fuerte viento que cala en los huesos y susurran en mis oídos como un canto melancólico y la luna con su semejante resplandor ilumina mi cruel y desolado camino hacia la eternidad.

El viento sopla a un más fuerte desvaneciendo mi cuerpo completamente.

Mi respiración poco a poco se agota, los pálpitos de mi corazón son cada vez más lentos; por último sólo puedo sentir que dos lágrimas tibias y suaves se derraman sobre mis mejillas y de pronto todo se queda completamente en tinieblas y en silencio.

Sombras

!Oh Sombras!
¿Por qué en ti siento tanta protección?
¿Por qué mi alma se refugia en ti?
¿Por qué sin conocerte te entrego mi corazón?
¿Por qué te amo más que a mi propia razón?
¿Por qué eres mi sombra? A caso eres ese ser que jamás se dejará ver por mis ojos, pero sí por mi mente.
¡Oh quizá serás mi propia imaginación!
¿Oh serás la oscuridad de mis pensamientos y deseos más profundos?
¿Pero por qué te siento y me dejo llevar hacia donde no hay nada?
¡Oh! Sombras; rincón de mis penas y tristezas, sitio de mi imaginación y de oscuras tinieblas.

Gracias por ser Ella

Ella llena mi vida con tan sólo contemplar su rostro, quita mis penas con sus palabras angelicales, me levanta cuando estoy caído. Ella transmite paz a mi corazón, es más que la sabiduría, tiene para toda una historia que contar y nunca termina; porque aunque sea la misma historia le da un sazón especial.

Ella cura mis heridas, calma mi dolor, es mi compañía es mi inspiración, es mi amor incondicional.

Ella no es rencorosa todo olvida todo hace por mí.

Ella es mi reflejo de mi máximo amor que se puede encontrar en la faz de la tierra, es reflejo de Dios puesto que en una mujer como ella nació la luz que ilumina a este mundo.

Ella ocupa todas las palabras más bellas que Dios pueda traer a la mente de cualquier hombre.

Ella tiene el canto más hermoso que cualquier ave es sólo para mí.

Ella que se entrega a su misión encargada por su creador.

Y yo… que fui la alegría que soy por su sólo vivir, su preocupación por que esté bien, por que obtenga un mejor futuro que vivir.

No soy capaz ni siquiera de darle alegría y de estar ahí cuando me necesita, de darle tiempo sólo para ella no soy capaz de curar las heridas que aún no cicatrizan, de sanar tal dolor que poco a poco la consumen, ¡Cómo quisiera ser como ella! que cura con un té mi dolor de estómago. Ella embalsama mi cansancio de mis pies con sus suaves manos, mi soledad con su mirada, mis preocupaciones con sus palabras sabias y llenas de sabios consejos; mis desilusiones con su amor, mi frío con sus brazos y yo con su vida entera.

Ella, el regalo más grande y precioso e infinito que sólo Dios sabe por qué me lo dio.

Gracias por ser Ella.

Agonía

Agonía no sólo cuando es la espera de un cese final si no cuándo
se agoniza al pensar que habrá un final sin saber cuándo llegará.
Agonía al preocuparte de lo que tienes que hacer sin terminar lo que se está haciendo.
Agonía cuando de repente quedas en medio de las noches sin poder conciliar el sueño.
Agonía, cuando poco a poco desaparecen todos aquellos sentimientos que te hacían feliz y que ahora se derraman en forma de llanto.
Agonía cuando cobijas todo aquello que te hace caminar sin rumbo y no te deja elegir el verdadero camino.
Agonía cuando no aprendes a continuar y terminas por depender de algo y de alguien.
¿Cuántas veces en tu vida sentiste agonizar y sólo era que te preocupabas de más?
Pues la vida continuaba.
Agonía cuando detectaron alguna enfermedad y sin luchar simplemente caes.
Agonía cuando haces las cosas mal y la conciencia no encuentra lugar.
Agonía cuando caminas y vives sin ningún sentido.
Agonía cuando no hay nada que hacer, no hay vuelta atrás hasta la fe se vuelve angustia, esperar cuando ya hubo un final.
Agonizar es resistirte al final.

Otoño en busca de la primavera.

Beso a la lluvia…
Abrazo a la noche…
Acaricio a el viento…
Grito tu voz a los ecos…
Respiro el aroma de tu perfume.
Que niña tan hermosa miraron mis ojos; agua fresca y dulce llegó a mi desierto y floreció como en plena primavera.
Sonrisa transparente refleja su boca, llevo una larga vida buscando una rosa que a mi vida vuelva loca.
Niña, niña hermosa inyectas insulina a mi somnolienta vida.
Ella me provoca tan sólo cuando me toca, cuando me besa, cuando me mira. Quiero vivir un día más de su vida, en su vida corta.

Mono

Mono, monito, monote,
Que me haces reír y gozar con tus encantos.
sólo tú puedes dar con los cuales me haces delirar.
Mono, monito, monote,
Puedo brincar, puedo cantar en tu hábitat quiero estar.
Mono, monito, monote,
Muchas aventuras contigo quiero pasar y de nuevo ser niño para poder jugar.
Mono, monito, monote.
Tú me haces feliz con tan sólo pensar que mañana volverás al mismo lugar.
Mono, monito, monote.
No corras que un tope está y como un globote botarás.
Mono, monito, monote.
Que te haces chiquito que te haces grandote sólo en las noches.

Jalisco Canta

Canta al son de su mariachi, zapateando su jarabe tan dulce como la Miel del agave.

Es cálido como sus aguas de la bella Vallarta tierra bronceada por los rayos del sol. Tan seductor como sus grandes ojos tapatíos. Tan brillantes como las enormes lunas de octubre.

Caminar por su tierra azul e embriagante es como caminar en el mismo cielo.

Disfrutar los brotes y sabores de su mezcal de sol a sol.

Como las noches del bello Jalisco en su linda Guadalajara tan apasionante como la sangre roja que corre por sus venas.

Jalisco canta a los oídos del mundo y a los de su reina que tanto veneran.

Jalisco canta al espejo de Chapala donde noche a noche refleja su cara la gigante luna.

Jalisco canta al ritmo de su mariachi a un sólo grito de victoria su afición pues el mundo rueda a sus pies de su rebaño sagrado que palpita a puro corazón.

El cielo se perdió en los magueyes y su suelo pintó de azul. Canta Jalisco hasta romper tu garganta, para revivir a los corazones tristes.

Jalisco canta a su tierra húmeda, bañada por el rocío de cada madrugada donde se ve la aurora empapada.

Jalisco hermosa tierra bendita, pueblo mágico y encantado donde el cielo gusta reposar. Jalisco hermoso como su capital, la perla tapatía que el mar guarda celosamente todos los días.

Jalisco canta a sus mujeres bellas, a su gente para alegrar y zapatear al son de tu corazón con canción que toca el mariachi, Jalisco te llevo en mi corazón.

¡Jalisco no te rajes!

Danza de las flores

Llegó la primavera,
y con ella las flores más bellas.
Danzan y desfilan al pasar todas ellas.
Niñas bonitas, con belleza eterna.
Después de la mañana fresca y fría,
da la bienvenida a los rayos del sol.
Derramando pasión a todo corazón enamorado.

Mi bella margarita tú que te pintas de amarillo,
en este día ya esclarecido aun te canto como grillo,
para quedarme contigo.

Eres coqueta, despistas al girar tu cabeza,
deseas que bronceé tu rostro al buscar el sol.

Hermosa rosa, tan difícil como preciosa.
Tus espinas me gustan,
como caricias que se gozan.

Es un glamur admirar tu belleza,
diosa perfecta,
es un placer la noche junto a tu presencia.

Danzan las flores,
para alegrar y dar color a los rotos corazones.

Ojos bellos, que me dieron libertad a mi vida de ermitaño,
vida que ya no extraño,
pues ahora palpita el corazón.

Llegaste a mi vida dulce mariposa,
linda flor fresca;
luz y vida a este desierto.

Soy como una roca, en medio del mar,
tengo vida por lo que tú me das,
bañas mis entrañas como la sal.

Alas que llevan a su corazón, la semilla,
retoño de nuestro amor,
que nació de nuestra unión.

Bella la que pintó de rojo mi amor,
la que clavó el corazón,
llenó de amor y brotó la verdadera pasión.

Hermosa mujer escultura alocada,
silueta de mi vida eres mi delirio,
mi amor flechado por cupido.

Al caminar tras tus pasos,
sólo es para decirte te amo,
me tienes encantado.

Niña mía al mirarte me someto en ti
como si fueras un jardín donde bañas mis sentimientos
de delicados perfumes, minita de mis bajas pasiones.

Tú linda niña
con tu sonrisa derramas dulce miel
como panal al pie del sol.

Olas ricas y quietas
son tus manos las que me acarician
cada día cuando nos amamos.

Esta noche quiero verte para entregarme a ti,
darte mi corazón que brilla como el sol.
¡Esta es una buena razón! se trata de amor.

Campos verdes
a los que van y vienen
donde caminan los amores rodeados de multicolores.

Niña de belleza perversa sonrisa malvada
eres mía para toda la vida,
eres mi bella amada.

Corres como liebre alocada
bajo las olas del viento sin miedo
cuando te provoca.

Ven bella, el viento se hace violento
cuando mis manos rozan tu rostro
tan suave como la seda y fresco como la aurora.

Pintado de ilusiones

Se fue el amor en ese rostro, quizá volverá para hacer realidad cuanto sueño vino con el, puede que no, o quizá volverá el amor en otro rostro diferente para quedarse y echar raíz y no irse jamás. Traerá nuevas sonrisas, volverá a latir mi corazón puesto que este aún tiene vida, aún tiene calor, suspira y desea que vuelva el amor.

La vida sigue, continúa, todavía hay un largo camino pues se cortó entre los dos pero se hicieron dos caminos que aún siguen palpitando y llenos de ilusión. Él sabe cuantos corazones hay en busca de amor. Él dijo palabras que el viento se llevó sólo en mí entraron y allí se quedaron.

Ventana en espera

Hoy abro la ventana de mi corazón con la esperanza de mirarlo allí y ver su regreso, de ver que aguardas y después raptar tu corazón e irnos lejos.

Hoy en esta noche no es la excepción mis ansias de mirarte porque aunque lo primero que mis ojos vieron en el brillo de la luna, que hoy alumbra a mi oscura y escueta presencia. A diario dejo mi ventana emparejada para que ni siquiera preguntes menos dudes en entrar, ven el verdadero amor te espera y quiere amarte y su vida entregarte.

No sé cuánto tiempo tendré que esperar no importa que sea una eternidad guardaré reservas de tus caricias, palabras y aventuras con las que sobreviviré hasta tu regreso; no lo dudes sólo sigue tu caminar que el mismo viento aunque te resistas terminará arrastrando tu corazón hasta llegar a nuestro pedestal.

Si no me amas en esta vida será en la eternidad pues nuestro encuentro nunca fue una sola casualidad.

Busco a mi amante

Aquel que hace brillar la luna noche a noche como diamante, mi amante el de caricias que se cuelan por mi cuerpo como el viento; mi amante loco dueño de mis pensamientos que sin su presencia el tiempo corre lento, sé que estás lejos no te tengo, guardo tus recuerdos con los que me entretengo. Amante mío sólo camino y respiro con el soplo de la partida de tu retiro yo te deseo, te necesito; esta noche quiero volar contigo en mi cama, las sábanas furiosas se verán al rose de nuestros cuerpos. Quiero besarte. Amante como te puedo remplazar si tu piel de verano a penetrado y en mi abrigo a quedado.

Mi amante tú eres el ritmo de mi corazón, el fuego que enciende a esta pasión.

Regalo de vida

Linda criaturita que a la vida llegó, hermoso bebé que Dios envió. Sin tenerte dentro de mi vientre cariño te tomé, sin que me dolieras en mis entrañas siento tu dolor, como tus preocupaciones es intuición pues aunque no estuve cuando la luz se deleitó con tu existencia, con tu cariño, dulzura y ternura me conquistaste y me encariñé. Te siento parte de mí, sé que mi vientre no fue tu cuna, mi pecho tu fuente de vida, mis manos tu cobija, mis pasos tu insistencia y persistencia a seguirme, es decir, sé que no soy tu madre pero tu presencia en mi vida me hace muy feliz. Dios me dio el don de ser mi niño cachorrito, gracias a Dios al cielo y a ti por sentirme bendecida con tu presencia.

Tu eres mi primer retoño, mi ilusión que nace y brota de una madre, tu eres mi bebí porque aunque no diste pataditas en mi vientre, tampoco te contagié con mis emociones. No te contaba cuentos, mucho menos te platicaba la historia del día y el cómo tu padre añoraba tu llegada.

Vuela mariposa

Niña primorosa, chiquilla de ojos grandes y claros, de rosados labios, perfume de la fresca primavera, larga cabellera dorada cual si fuese espiga de trigo como sol en verano.

Botón en medio del rocío como río que baña tu cuerpo al mirarte mi suspiro queda preso mi niña mujer, sólo a ti mi quinceañera Pétalos de rosas en alfombra pongo a tus pies. Niña bonita de ojos relucientes en ti pronto florecerá el verdadero amor que llevas guardado. Niña cielo claro regalo bello e inmenso que a mí ha llegado. Niña al bailar tu vals de tu vestido largo y ampón, mariposas de mil colores volarán al ritmo de tu corazón pues brota dicha de tu pecho, la que iluminará cada paso en tu vida.

Niña en un cofre guarda tu niñez, tu pureza y este momento será tu tesoro que resguardarás el resto de tu vida.

Que sobra que no falte

Falta aire, cuando se tiene un medio propio para respirar.
Falta libertad, al seguir encadenados en nuestros propios miedos, dudas y prejuicios, vive tu propia independencia.
Sobran suspiros, al reprimirse y no demostrar ni entregarse por completo al verdadero amor.
Sobra dolor, al no palpar el dolor ajeno.
Faltan palabras, palabras de aliento y consuelo.
Falta tranquilidad, a toda la angustia que nos ha invadido.
Sobran reproches, cuando se tiene una nueva oportunidad de valorar nuevas acciones y actitudes.
Falta amor, el cimiento de la creación.
Faltan valores, la verdadera fortaleza del equilibrio de la razón.
Sobran ilusiones, cuando la vida es de acciones y no de falsas creaciones.
Sobra esclavitud, cuando tú eres tu propia limitación la libertad está en tu corazón.
Falta fe, a lo que nace de tu corazón a lo que se te inculcó.
Falta camino, no te detengas sólo se cortó, el fin no llegó, esto tiene continuación.
Sobran laberintos, sólo es tener sabiduría para elegir el camino correcto, camino que te llevará a un mundo mejor, no te confundas que muchos habrá.

Falta firmeza, al crear una vida en burbuja cuando no se ponen los pies sobre la tierra con firmeza y decisión.

Falta luz, luz que se ignora aunque es penetrante y brillante su existencia está en peligro de extinción pues se vive en un mundo de superstición.

Sobra inmensidad, tanto lugar donde se puede habitar sin ser necesario de invadir lo ajeno.

Sobra incertidumbre, estar preocupados en vez de ocuparse de el presente.

Falta verdad, sobra falsedad a la realidad.

Falta memoria, al olvidar la vida denigrante de los más débiles y necesitados.

Falta esperanza, cuando se está en el fondo de una mala situación debes de saber que la lámpara de la luz está en tu corazón.

Sobran recuerdos, los cuales son dardos de fuerza o dolor.

Sobra ausencia, al estar ocupando tu presencia el espacio y tu sabiduría fuera de la realidad.

Falta vida, para terminar lo mucho que puedes aprender a vivir.

Falta sonrisas, que se pinten en los rostros que a diario nos encontramos por doquiera cuando la vida es sólo una y es tu propio dibujo.

Sobra tiempo, no vivas de prisa, la vida se saborea como un dulce, lento, tomándole sabor.

Sobra maldad, al no palpar el dolor ajeno cuando se hace daño a los demás, pues no sólo se daña a la persona, si no también se deja dolor a una madre, hermanos, hijos etc.

Falta mundo y sobran promesas, para tanta ambición la cual entre más se tiene más se quiere.

Faltan manos, para compartirse el trabajo.

Falta valor, al enfrentar la realidad en la que se está viviendo con el fin de seguir en el camino.

Faltas tú, el complemento del esfuerzo a un mundo mejor.

El ángel que regresó

Cuanto dolor, tanta tristeza, demasiada agonía, interminable llanto, inmensa angustia, sólo por la partida ¿no quiero retirarme? estoy tan acostumbrado aquí que no quiero regresarme al paraíso me acostumbré a la luz de este mundo, a la sonrisa infantil de mis progenitores, a la dulce mirada del amor, en las prisas tras el tiempo, a las charlas en aquellos lugares con los amigos; a la música que llegaba a mis oídos de aquellas aves cantadoras por las mañanas, a todas las aventuras llenas de sonrisas, a las peleas que recalcaron lo diferentes que podemos llegar a ser, a la lucha incansable y aferrada a la vida, al no querer dejar este mundo me he acostumbrado a este lugar y sé que mi misión ya terminó y tengo que regresar a ti ¡tengo miedo! sé que me costó mucho cuando me enviaste a esta familia para luego convertirme en el pilar de mi propia construcción ahora me es difícil aceptar pero sé que voy a estar bien y que sólo al irme sabré que lo logré, para lo que me enviaste desde allá, os veré pues como su ángel me quedaré, si esa será mi nueva misión. Gracias por el tiempo en este mundo, tiempo que para ti sólo fue un suspirar mientras para mí, ha sido toda una vida.

Oración

Gracias papá Diosito por la vida, por mi familia, por mis papitos, gracias por permitirme entrar a tu familia por medio del bautismo.

Diosito hoy te pido que me bañes de tu gracia y purifiques mi vida, envía al espíritu santo en todo mi corazón y también te pido que bendigas a mis papitos, a mi hermanita y a mis abuelitos, ¡ah! no olvides darles sabiduría a mis padres y padrinos para que me puedan educar y hacer un niño bueno cariñoso y obediente.

Gracias papá Diosito por haberme enviado a esta maravillosa familia.

Ángel del mar

Ángel del mar que viene y luego se va, se acerca con profunda calma y se aleja en una loca y desenfrenada marea; ángel del mar entre tus brazos yo me quiero quedar y a donde vayas a tu lado quiero volar.

Ángel del mar tus alas son mías y aún en medio de las altas olas me alcanzarás llevándome hasta el fondo del mar, donde sin límites y temor te voy a amar.

Ángel del mar el que no conoce el final, el que se entrega sólo a amar, el que me cubre y baña con las espumas del ancho mar.

Ángel del mar eres un misterioso secreto en tu forma de amar.

Ángel del mar que sólo vida das, deja mirar en tus profundas aguas cristalinas y quita esas ansias de quererme entregar.

Ángel del mar tu que eres un fiel guardián y tus melodías me dejo llevar y mis oídos sólo se pone a deleitar.

Ángel del mar en mis sueños estás y de ahí jamás escaparás pues allí seguirás y mis noches saciarás.

Ángel del mar que vienes y luego te vas, llevándote los miedos que produce la soledad.

¡Que bello es!

Qué bello es el principio, el nacimiento, el inicio de una relación se siente la luz, la firmeza donde se está de pie; la fuerza que se necesita para sobrellevar y sobrevivir a cualquier tormenta o adversidad. Todo se torna más claro y se produce una dicha inmensa donde no se le teme aún final sino todo lo contrario.

Se agudizan los sentimientos para poder amar; que bello es vivir empaparte de brisa fresca de la mañana cubriendo tu desnudez con tantos y tantos colores reflejando tu imagen en la perfecta luz del sol.

Qué bello es saber que te piensa, que desea tu presencia y a la vez llora tu ausencia.

Qué bello es saber que existe la voz del alma, de tu piel y de tus labios en los que me derrito gozando.

Qué bello es saber que duermo cubierto de tus brazos y me despierto saciado de tus encantos; a Dios pido que seas lo último que mis ojos dejen de ver, esa figura que tan sólo considerar perder tiendo enloquecer.

Qué bello saber que soy el complemento de tu cuerpo, de tu vida y tu existencia. Qué bello fue enamorarme de un ángel enviado por Dios.

12 meses

Cuantas sonrisas y miradas esplendorosas pasaron por nuestros rostros con el síntoma del amor. El verano con sus cálidas y ardientes caricias por mi cuerpo centímetro a centímetro.

En el otoño se difuminaron todas las dudas, miedos e inseguridades, fueron arrastradas por el incontenido viento del olvido.

En invierno tus brazos me cubrieron mi alma del riguroso y desagradable frío. En la bella primavera nuestro amor hacía florecer y brotaron de cada corazón enamorado motivándose con la belleza de tantos matices, poco a poco nuestro amor se abría como un suave y delicado capullo saliendo a recibir los primeros resplandores del sol; no quiere resistirse a quedar expuesto a su voluntad, así como yo entrego mi amor a ti que eres 365 días en los que añoro estar contigo; doce meses gozando de tu compañía esto es el significado del nacimiento de un nuevo ser; ahora que te has ido no puedo estar alimentándome de recuerdos.

Ignoraba esto que pudiese existir, te amo por todo eso y más, por esa historia que sólo contigo pude haber escrito en doce meses que pasaron por el rostro encantado e iluminado por el amor.

El amor se acaba

Ya no se respiran esas frescas mañanas, ni me levanto tibia de los abrazos de cada noche, ya no tienes buenos deseos para mí en cada mañana, no hay cantos que deleiten a mis oídos, no suena más el teléfono tampoco ya no llegan palabras graciosas.

El amor se acaba, mi mirada está opaca y la poca luz que alcanza colarse por mi ventana se mira tenue, ya no hay aniversario que festejar, flores que den color a este lugar, sonrisas ni alegrías que festejar.

El amor se acaba y no quedan plantas en nuestro jardín, ningún brote en el corazón, menos sentimientos ahora es de hierro; ya no se mira ese destello en tus ojos que brillaban como espejos, en aquella habitación se destilaba amor.

El amor se acaba, se terminó la confianza, el diálogo entre los dos, pero sobre todo el respeto al corazón que en piedra se volvió no hubo otra persona en medio ni siquiera el miedo entró, aquí lo que pasó fue que todo entró en rutina y costumbre se volvió y el amor simplemente no resistió. El amor se acaba cuando el orgullo sujeta sus alas. El amor se acaba.

Reflexión

Cuando el amor llegue a tu vida no te la pienses, se feliz y ama sin condición, sin miedos, sin temor, porque si lo piensas luego la duda entrará y terminarás por arrepentirte, vive intensamente al máximo sin el tiempo consultar, sin tener miedo a que pronto termine; así como llegó sin avisar, sin que se le espere no adelantes su final.

Sólo recíbelo y compártelo verás cuantos sentimientos de ti brotarán. El amor llega para dar luz, paz, felicidad, para conocer que tanto puedes dar y cuanto pueden darte. Vive intensamente y jamás te arrepentirás, darte sin reservas te descubrirás, deja que el amor entre a tu corazón y serás feliz y podrás decir que valió la pena vivir.

Cuánto ¿Dónde quedó?

Cuántas aventuras, alegrías, sonrisas, personas, siempre en medio de tanta gente, niños, palomas, perros, parques ocultos en tantas noches. Cuántas voces, colores, cuántos ojos nos miraron, cuántos susurros del viento; la lluvia que bañó nuestros cuerpos en los tantos paseos por la ciudad, las luces que permitían ver nuestros rostros, y doble palpitar en mi pecho cuando te abrazabas a mí, tantas palabras y sensaciones que a tu llegada despertaron.

Los días y noches que juntos pasamos tantos sueños , ilusiones, deseos quedaron en el camino que el viento y la lluvia arrastraron de repente mis ojos vieron anochecer, un nuevo día que no volvió, todo en tinieblas se volvió las sombras lo arrastraron y nadie refutó, las sonrisas desaparecieron el viento se sofocó; los parques, calles, perdieron su color, la alegría en tristeza quedó, los labios callaron, las miradas se perdieron, pareciera que mis pasos son los que ahora solos están todo y todos huyeron a donde la luz se fugó.

Por caridad alguien quiero sentir a mi lado aún sigo aquí para enfrentar la soledad, alguien que trate de defender esta relación, ojos que vean bien esta unión, oídos que quieran escuchar las aventuras de los dos; todos se fueron tras él.

¡Alguien escuche! ya no hay aves que desplieguen su vuelo a nuestro alrededor, grito al cielo que no escucha y a Dios os ruego un milagro, al viento que te arrastre a mí, a la noche las caricias, las calles los tantos paseos, a mi corazón que palpite, al día el brillante sol para que no termine el calor de nuestro amor, a las voces que te digan que yo soy el complemento de tu amor. Guardaré mi voz en los ecos de cada palabra para que pueda viajar a cualquier oído y te diga que has olvidado la mitad de tu corazón.

Nadie escucha tan lamentosas plegarias pues tú detuviste el tiempo, camino y los días, como pedir ayuda si tú me diste la espalda y cortaste mis alas encadenando mi alma, robándote mi libertad; sólo sé que mañana será un día más y que el sol iluminará mi alma con luz tenue, ¿siempre con el temor a vivir sin ti?

Divina mujer.

¡Oh! mujer tan divina, como divina la idea de Dios para crearte.
Al estampar su creación de mí misma carne en ti.
Eres tan hermosa como compleja.
Eres encantadora, como peligrosa.
Eres lo más valiosa de mi vida entera.
Toda tú, mi bella princesa de pies a cabeza.
Fuiste hecha con peculiar belleza.
Tu larga y negra cabellera, extenso manto de mis noches perpetuas.
Grandes ojos reflejo de mi desnudez.
Tus rojos labios y carnosos, loca tentación, inicio de mi entrega infinita.
Tu cuello puente del deseo.
Tu par de senos fuentes de miel, donde puedo saciar mi sed.
Tu vientre llanura escondida donde surge el primer soplo de vida,
Y tus largas piernas, tenazas que me atrapan a una condena divina.
¡Oh! divina mujer suave pétalo, fresco rocío, me pierdo pero en ti me vuelvo encontrar.

Día 2

El 2 de Noviembre fue elegido para celebrar a todos los que ya se nos adelantaron, aquellos que dejaron huella, el eco de sus sonrisas y la semilla de la continuación de su legado.

El día seis dio paso a la humanidad, pero con ella también se pactó muerte puesto que todo lo que nace muere.

La luz inicia con alegría, emoción, cuidado, ¿por qué no? Con Curiosidad, al final se va con tristeza, dolor e incredulidad, la partida es dura y resulta incomprensible a cualquier razonamiento, sin embargo el día cero es inevitable.

Reflexión

No trabajo para reinar en la tierra, sino para ganar el cielo.

Reflexión

Para la naturaleza no hay inteligencia.

Reflexión

Las cosas buenas y positivas que se dan en nuestras vidas, no se cuestionan, mucho menos se rechaza; por el contrario las cosas malas y negativas en muchas ocasiones no se saben cómo solucionarlas o afrontarlas, duelen y te marcan la vida pero siempre nos dejan un aprendizaje, ¡Son tus designios Señor!, ¿Será por eso que nos cuesta tanto entenderlas?

Reflexión

Por qué esperar que los demás te agradezcan, en lugar de que tú mismo empieces por agradecerte; si esperas la aceptación y el acierto de alguien más es como si tú no te amaras sinceramente, entonces diré que difícilmente alguien más lo hará.

Lo mejor es esperar resultados de ti mismo ya que estos llenarán tus propias expectativas, sin esperar la aprobación de los demás.

Reflexión

Se acaban los besos y los abrazos, y con ellos el sentimiento provocando el desvanecimiento de mi vida; mis ojos se nublan sin ver claro el horizonte, un camino lleva a otro lleno de incertidumbre y trayectos desconocidos.

Como una mirada que se oculta en los rincones más olvidados, donde se resiste a todo destello de luz y es arrojada por su propia ira a la profundidad de su soledad y frustrante existencia.

Reflexión

Los tropezones, caídas, derrotas y fracasos son para aquellos que saben sobreponerse a sí mismos.

Reflexión

Anhelas la recuperación después de una difícil enfermedad en la que pierdes la fe, la condición física, las ganas de vivir. El dolor te invade y el cansancio deteriora, pero si logras superarlo, crees que eres fuerte e indestructible.

Cuando te sientes bien olvidas aquél dolor, mas debes ser consciente de que desde el primer día de sentirte restablecido, debes cuidarte mucho mejor para el futuro, porque de eso depende una excelente recuperación.

Reflexión

Dice el señor:

"Si me amaras verdadera y puramente, no mendigarías amor".

Por qué conformarse con un sentimiento fugaz e insaciable, que es incompleto u ofrecido a medias. Quizá es el que alguien rechazó y se viste de ilusión para luego desenmascararse como confusión.

Aceptar llanto y angustia, brotes de sentimientos humanos pasajeros que caen más veloces que un meteoro, son debilidades carnales más que espirituales contrarias al amor que no se palpa, mucho menos se ve y no trasciende más allá de los tiempos.

Reflexión

De nada sirve tener y no compartir.
De nada sirve saber y no enseñar.
De nada sirve amar, si no me amo a mí mismo.
De nada sirve tener alas, si no soy libre.
De nada sirve tener buenos y ricos manjares, si no apetezco.
De nada sirve nuestra existencia en el mundo, si no logramos ser felices ni derrocharla en los demás.
De nada sirve escuchar, si no lo hacen los oídos del corazón.
De nada sirve hablar, cuando se calla la verdad.
De nada sirve caminar, si no se da el paso firme.
De nada sirve el regalo de la vida, si no te levantas sintiéndote vivo y bendecido.

Reflexión

En esa silla estabas, parecía que meditabas mi partida o quizá contabas las heridas que quedaban en tu vida. Allí estabas niña mía con tu agonía, invadida por la soledad que regresaba a esa silla con tu rostro que ya había perdido color, pues ahora habitaba el pálido y más insípido reflejo de tu agónico corazón.

Reflexión

Hay muchas cosas que se hacen en esta vida, pero hay algunas que no valen la pena sin embargo las tienes que hacer para darte cuenta de que en realidad no valieron la pena.

Reflexión

Si la vida te marca un día alguna fecha en particular no te pongas a recordar que hubo llanto ni que quedó dolor más bien márcale a la vida con alegrías ese día. ¡Será difícil! pero sanará.

Reflexión

Te fuiste cuando mas te necesitaba ahora sé que por algo llegaste a mí, pues tu recuerdo ahora es quien me da fortaleza. Cuando llegaste despertaste a la mujer y cuando te fuiste te amé con locura y lloré como nunca, ahora me reflejo en el rayo de luz y veo que sigo aquí, sólo quedó tu sombra en mi corazón.

Reflexión

El tiempo de Dios es en segundos es perfecto. El tiempo de mi vida, es en años detrás del tiempo.

El tiempo de la muerte es en eternidad, en espera del juicio final.

Reflexión

Las palabras se las lleva el viento, mientras las acciones son los cimientos de tu futuro.

Reflexión

No dejes para después, lo que tienes que hacer ya.

Reflexión

El amor es el que mueve las buenas acciones, el que da luz a los corazones, el que da pureza a los pasos cansados pero con ilusiones, el que transforma los ruidos en bellas canciones, el que abre fronteras pintando los muros de biodiversidad, el amor es fresco, es hermoso, no hace distinción sólo quiere flechar a un par de corazones en extinción.

Sobre el Autor

Luis Rodríguez Guevara. L. Rogue. nació en la ciudad de Guadalajara Jalisco México, el mayor de ocho hermanos, un hombre justo, honesto, trabajador, responsable, muy querido por su familia. Desde muy pequeño fue apasionado al deporte, a la pintura y el dibujo, donde obtuvo numerosos premios, sin dejar atrás los reconocimientos por sus escritos, donde entonces surgió la pasión de la escritura, pero por azares de la vida poco a poco fue postergando esta pasión, sin pensar que la vida pondría nuevamente en su camino la oportunidad de retomar y hacer realidad lo que un día comenzó como un pasatiempo.

Actualmente es padre de dos hermosos pequeños, a los cuales ama profundamente al igual que su querida esposa. Su familia, quienes han sido motivo de inspiración para retomar la escritura. Para él, es un escape perfecto a la expresión del corazón, ya que no es otra cosa que las palabras plasmadas en este libro, titulado Reflejos de mi Alma.